curiosidad por

EL TRIÁNGULO DE LAS BERMUDAS

POR GILLIA M. OLSON

AMICUS LEARNING

¿Qué te causa

OCÉANO
AT
Islas de Bermuda (RU)
Triángulo de las Bermudas
Miami
LAS BAHAMAS
CUBA
Islas Turcas y Caicos (RU)
HAITÍ
REPÚBLICA DOMINICANA
Puerto Rico (EEUU)

curiosidad?

Curious About es una publicación de
Amicus Learning, un sello de Amicus
P.O. Box 227
Mankato, MN 56002
www.amicuspublishing.us

Editora: Ana Brauer
Diseñadora de la serie: Kathleen Petelinsek
Diseñadora del libro e investigadora fotográfica: Emily Dietz

Library of Congress Cataloging-in-Publication Data
Names: Olson, Gillia M., author.
Title: Curiosidad por el Tiángulo de las Bermudas / Gillia M. Olson.
Other titles: Curious about the Bermuda Triangle. Spanish
Description: Mankato, MN : Amicus Learning, 2025. | Series: Curiosidad por los misterios inexplicables | Includes index. | Audience: Ages 6–9 | Audience: Grades 2–3 | Summary: "Why do planes and ships disappear at the Bermuda Triangle? Learn about this unexplained mystery in this Spanish question-and-answer book for elementary-aged readers. Translated into North American Spanish. Includes infographics, table of contents, glossary, and index"— Provided by publisher.
Identifiers: LCCN 2024024488 (print) | LCCN 2024024489 (ebook) | ISBN 9798892003155 (library binding) | ISBN 9798892003193 (paperback) | ISBN 9798892003230 (ebook)
Subjects: LCSH: Bermuda Triangle—Juvenile literature.
Classification: LCC G558 .O4718 2025 (print) | LCC G558 (ebook) | DDC 001.94—dc23/eng/20240620
LC record available at https://lccn.loc.gov/2024024488
LC ebook record available at https://lccn.loc.gov/2024024489

Créditos de las fotos: Alamy Stock Photo/CBW, 8, john standing, 14-15, VICTOR HABBICK VISIONS, portada; Getty Images/Bettmann / Contributor, 10-11, Keystone / Stringer, 2, 13, VICTOR HABBICK VISIONS, 16-17; Noun Project/kenzi mebius, 17, MihiMihi, 22, 23, Sunisih, 22, 23, zaenul yahya, 17; Shutterstock/littlesam, 19, Paopano, 20, Rainer Lesniewski, 2, 6-7, Viktor Hladchenko, 3, 21, Wonderful Nature, 4-5; Vecteezy/artefacti, 9

Impreso en China

CAPÍTULO UNO

¿Qué es el Triángulo de las Bermudas?

¿LO SABÍAS?

El Triángulo de las Bermudas es también llamado el Triángulo del Diablo.

Mucha gente cree que el Triángulo de las Bermudas provoca la desaparición de barcos.

El Triángulo de las Bermudas se encuentra en el océano Atlántico. Barcos, aviones e incluso personas han **desaparecido** allí. Algunas personas creen que fuerzas misteriosas los hacen desaparecer. Otros dicen que las razones no son ningún misterio.

ESTADOS UNIDOS
Golfo de México
Miami
MÉXICO
CUBA
Islas Caimán (RU)
JAMAIC
BELICE
GUATEMALA
HONDURAS
EL SALVADOR
NICARAGUA

¿Dónde está?

El Triángulo de las Bermudas tiene forma de triángulo. Una de las esquinas es Miami (Florida). Los otros puntos son las Bermudas y Puerto Rico. Allí se encuentra el punto más profundo del océano Atlántico. Tiene 5,2 millas (8,4 kilómetros) de profundidad.

¿Cómo obtuvo su nombre?

Vincent Gaddis lo llamó el Triángulo de las Bermudas en 1964. Escribió sobre la desaparición de aviones y barcos. Charles Berlitz escribió un libro, *The Bermuda Triangle*, en 1974. Berlitz pensaba que la ciudad perdida de **Atlántida** estaba en el Triángulo. Él no tenía ninguna **prueba**. Pero el libro fue un éxito de ventas.

¿LO SABÍAS?
The Bermuda Triangle **vendió 14 millones de ejemplares.**

¿Podría estar la ciudad perdida de Atlántida en el Triángulo de las Bermudas? El escritor Charles Berlitz pensó que sí.

CAPÍTULO DOS 2

¿Cuál fue el primer barco en desaparecer?

En 1918 desapareció el U.S.S. *Cyclops*. Era un buque de carga de la Marina de los Estados Unidos. Iba de Barbados a Baltimore (Maryland). Tenía 306 tripulantes. Su último mensaje decía que el tiempo era bueno. Nunca más se supo de él. No envió ninguna llamada de **socorro**.

Nadie sabe qué le ocurrió al U.S.S. *Cyclops*. Sigue siendo un misterio.

¿Qué aviones han desaparecido?

En 1945, desapareció el Vuelo 19. Este vuelo de entrenamiento tenía cinco aviones bombarderos de la Marina. El piloto principal dijo que sus brújulas no funcionaban. Estaba perdido. Los cinco aviones desaparecieron. Se enviaron aviones de rescate. Uno de ellos también desapareció. No se ha encontrado ninguno de los aviones.

¿LO SABÍAS?

El jefe de vuelo se había perdido antes mientras volaba. Tuvo que ser rescatado otras dos veces.

Nadie sabe qué pasó con el Vuelo 19. Algunos creen que se quedaron sin gasolina.

¿Se ha encontrado algún barco más tarde?

El SS *Cotopaxi* era un carguero que desapareció. Los restos del naufragio se encontraron 95 años después.

En 1925, el SS *Cotopaxi* iba de Charleston (Carolina del Sur) a La Habana (Cuba). Su ruta pasaba por el Triángulo. Desapareció en el camino. En 2020, un naufragio cerca de Florida resultó ser el *Cotopaxi*. Los expertos creen que una tormenta repentina hundió el barco.

CAPÍTULO TRES

¿Por qué desaparecen cosas allí?

Algunas historias sobre el Triángulo dicen que el océano se abre y arrastra barcos y aviones bajo el agua.

Hay muchas causas de hundimiento o choque. Lo más probable es que las causas sean el mal tiempo o los errores de las personas. Antes de las **previsiones meteorológicas** modernas, los marineros no solían tener ningún aviso de mal tiempo. Muchas veces las tormentas se encuentran en el Triángulo. Las grandes olas, los relámpagos y la lluvia torrencial pueden provocar choques.

Más de 50 barcos y 20 aviones han desaparecido en el Triángulo de las Bermudas.

¿Por qué no se han encontrado restos de aviones?

Los aviones estrellados pueden romperse en pedazos pequeños. Estos pedazos se hunden o se alejan rápidamente. Incluso hoy en día, es difícil encontrar pedazos de aviones estrellados. El océano es muy profundo en el Triángulo. Es difícil buscar allí.

A menudo los submarinistas buscan pruebas de naufragios en el Triángulo.

Cientos de aviones sobrevuelan con seguridad el Triángulo cada año.

¿Es seguro ir allí?

Barcos y aviones atraviesan el Triángulo todos los días. La zona es un lugar muy transitado. Otras vías fluviales muy transitadas tienen el mismo número de incidentes con barcos o aviones. Los barcos y aviones no desaparecen con más frecuencia en el Triángulo de las Bermudas.

El Triángulo de las Bermudas no
es más peligroso que cualquier
otra extensión de agua.

HAZ MÁS PREGUNTAS

¿Cómo se buscan los accidentes de avión?

¿En qué otros lugares han desaparecido barcos?

Prueba con una GRAN PREGUNTA:
Si se encontraran restos del Vuelo 19, ¿qué significaría eso para la leyenda del Triángulo de las Bermudas?

BUSCA LAS RESPUESTAS

Busca en el catálogo de la biblioteca o en el internet.
Pueden ayudarte tus padres, un bibliotecario o un maestro.

Uso de palabras clave
Encuentra la lupa.

Las palabras clave son las palabras más importantes de tu pregunta.

Si quieres saber sobre:

- cómo busca la gente los accidentes de avión, escribe: BUSCANDO ACCIDENTES DE AVIÓN
- desapariciones de barcos, escribe: DESAPARICIONES INEXPLICABLES DE BARCOS.

GLOSARIO

Atlántida Ciudad legendaria de la que se dice que se hundió en el mar.

desaparecer Dejar de ser visible; perderse de vista.

previsión meteorológica Pronóstico del tiempo basándose en datos.

prueba Hechos o evidencia que demuestran que algo es cierto.

socorro En peligro o con gran necesidad de ayuda.

ÍNDICE

Sobre la autora

Gillia Olson es escéptica por naturaleza, pero le encanta todo lo paranormal. Es curiosa y de mente abierta, y espera que usted también lo sea. Vive en el sur de Minnesota.